ORDONNANCE
DU ROY,

Portant règlement pour un supplément de décompte de la solde, & des payes de gratification, à faire aux compagnies d'Infanterie françoise & étrangère, depuis le premier juillet 1751 jusqu'au dernier juin 1752.

Du premier Janvier 1752.

DE PAR LE ROY.

SA MAJESTE étant instruite que le renvoi successif depuis la paix, des Miliciens incorporés dans ses troupes d'Infanterie, & celui des anciens Soldats dont les congés absolus avoient été suspendus pendant la guerre, met les Capitaines dans la nécessité de les remplacer par de nombreuses recrues; Elle veut bien, par ces considérations, étendre, par un traitement plus avantageux, la grace qu'Elle leur avoit accordée par ses ordonnances

A

des premier juillet 1749 & premier décembre 1750, pour leur procurer les moyens de rétablir leurs compagnies, & les compofer de bons Soldats bien en état de tout point de la fervir utilement ; Et, en conféquence, Elle a ordonné & ordonne ce qui fuit :

ARTICLE PREMIER.

LES Commiffaires des guerres devant continuer à faire leurs revûes tous les deux mois, Sa Majefté entend que ce qui a été réglé au fujet de ces revûes par les feize premiers articles de fon ordonnance du premier juillet 1749, & par celle du 25 octobre fuivant, concernant l'Infanterie Suiffe & Grifonne, continue d'avoir fon exécution, ainfi que ce qu'Elle a prefcrit par l'article XVIII de ladite ordonnance du premier juillet 1749 auxdits Commiffaires des guerres & aux Infpecteurs, par rapport à la revûe de mai : mais quant au traitement extraordinaire accordé à fes troupes d'Infanterie, Sa Majefté voulant bien en procurer un plus avantageux aux Capitaines, & déroger à cet égard, pour la préfente année, aux difpofitions dudit article XVIII, Elle entend que fur les revûes des Commiffaires des guerres, qui feront faites relativement à celles des Infpecteurs, au mois de mai prochain 1752, il foit fait, par les Commis de l'Extraordinaire des guerres, aux compagnies de Fufiliers, *Supplément de décompte pour la folde, fur la revûe de mai & juin 1752.* un fupplément de décompte pendant douze mois, du premier juillet 1751 au dernier juin 1752, pour la folde des hommes qui auront paffé de plus à ladite revûe de mai 1752 qu'à celles des dix mois précédens, à commencer du premier juillet 1751 ; lequel fupplément de décompte n'aura lieu que pour celles defdites compagnies qui

A

'paſſeront à ladite revûe de mai 1752, au nombre, ſavoir;

Celles des régimens d'Infanterie françoiſe, d'Ouvriers, des régimens Royal-Italien & Royal-Corſe, de trente-ſix juſqu'au complet de quarante hommes; ne devant avoir aucun ſupplément de décompte de la ſolde à trente-cinq hommes & au deſſous, à tel nombre qu'elles aient paſſé aux revûes précédentes. — *Infanterie françoiſe, Ouvriers, Royal-Italien, Royal-Corſe, chaque compagnie de 40 hommes.*

Celles des cinq bataillons du régiment Royal-Artillerie, de ſoixante-quatre juſqu'au complet de ſoixante-douze hommes; ne devant avoir aucun ſupplément de décompte de la ſolde à ſoixante-trois hommes & au deſſous, à tel nombre qu'elles aient paſſé aux revûes précédentes. — *Royal-Artillerie, chaque compagnie de 72 hommes.*

Celles de Mineurs, de cinquante-quatre juſqu'au complet de ſoixante hommes; ne devant avoir aucun ſupplément de décompte de la ſolde à cinquante-trois hommes & au deſſous, à tel nombre qu'elles aient paſſé aux revûes précédentes. — *Mineurs, de 60 hommes.*

Celles des ſix régimens Irlandois & des deux régimens Ecoſſois, de trente-deux juſqu'au complet de trente-cinq hommes; ne devant avoir aucun ſupplément de décompte de la ſolde à trente-un hommes & au deſſous, à tel nombre qu'elles aient paſſé aux revûes précédentes. — *Irlandois & Ecoſſois, chaque compagnie de 35 hommes.*

Celles des régimens d'Infanterie allemande d'Alſace, Bentheim, la Marck, Royal-Suédois, Royal-Bavière, Lowendal, Naſſau-Saarbruck, Ferſen, la Dauphine & Saint-Germain, de ſoixante-ſept juſqu'au complet de ſoixante-quinze hommes; ne devant avoir aucun ſupplément de décompte de la ſolde à ſoixante-ſix hommes & au deſſous, à tel nombre qu'elles aient paſſé aux revûes précédentes. — *Dix régimens Allemands, chaque compagnie de 75 hommes.*

Deux régimens Allemands, chaque compagnie de 100 hommes. Celles des régimens allemands de Bergh & de Royal-Pologne, de quatre-vingt-neuf jufqu'au complet de cent hommes; ne devant avoir aucun fupplément de décompte de la folde à quatre-vingt-huit hommes & au deffous, à tel nombre qu'elles aient paffé aux revûes précédentes.

Suiffes & Grifons, chaque compagnie de 120 hommes, compris les Officiers. Celles des neuf régimens Suiffes & Grifons, de cent jufqu'à cent quinze hommes, les Officiers non compris; ne devant avoir aucun fupplément de décompte de la folde à quatre-vingt-dix-neuf hommes & au deffous, à tel nombre qu'elles aient paffé aux revûes précédentes.

Payes de gratification dont le décompte doit être fait à chaque revûe. A l'égard des payes de gratification, Sa Majefté voulant faciliter aux Capitaines les moyens de payer les menues réparations journalières de leurs compagnies, Elle ordonne, qu'à commencer du premier juillet 1751, le décompte en foit fait à chaque revûe, avec la fubfiftance, fur le pied des gradations ci-après; dérogeant à cet égard à celles établies par l'article XVIII de l'ordonnance du premier juillet 1749, & par l'ordonnance du premier février 1751, concernant le payement de fes troupes.

S A V O I R.

Infanterie françoife. Chaque compagnie de Fufiliers des régimens de l'infanterie françoife, qui fera complète de quarante hommes, le Capitaine recevra trois payes de gratification, deux & demie lorfqu'elle ne fe trouvera compofée que de trente-neuf, deux à trente-huit, une & demie à trente-fept, & une feulement à trente-fix; ne devant avoir aucune paye de gratification, fa compagnie étant au deffous dudit nombre de trente-fix hommes.

Ouvriers, Royal-Corfe. Chaque compagnie d'ouvriers, & chacune des compagnies de Fufiliers du régiment Royal-Corfe, qui fera

complète

5

complète de quarante hommes, le Capitaine recevra quatre payes de gratification, trois lorsqu'elle ne se trouvera composée que de trente-neuf, deux à trente-huit, une & demie à trente-sept, une seulement à trente-six, & rien au dessous dudit nombre de trente-six hommes.

Chaque compagnie de Fusiliers du regiment Royal-Italien, qui sera complète de quarante hommes, le Capitaine recevra cinq payes de gratification, quatre à trente-neuf, trois à trente-huit, deux à trente-sept, une seulement à trente-six, & rien au dessous dudit nombre de trente-six hommes. *Royal-Italien.*

Chaque compagnie des cinq bataillons du régiment Royal-Artillerie, qui sera complète de soixante-douze hommes, le Capitaine recevra sept payes de gratification, six à soixante-onze, cinq à soixante-dix, quatre à soixante-neuf, trois à soixante-huit, deux & demie à soixante-sept, deux à soixante-six, une & demie à soixante-cinq, une seulement à soixante-quatre, & rien au dessous dudit nombre de soixante-quatre hommes. *Royal-Artillerie.*

Chacune des cinq compagnies de Mineurs, qui sera complète de soixante hommes, le Capitaine recevra six payes de gratification, cinq à cinquante-neuf, quatre à cinquante-huit, trois à cinquante-sept, deux à cinquante-six, une & demie à cinquante-cinq, une seulement à cinquante-quatre, & rien au dessous dudit nombre de cinquante-quatre hommes. *Mineurs.*

Chacune des compagnies de Fusiliers des six régimens Irlandois & des deux régimens Ecossois, qui sera complète de trente-cinq hommes, le Capitaine recevra trois payes de gratification, deux à trente-quatre, une & demie à trente-trois, une seulement à trente-deux, & *Irlandois & Ecossois.*

rien au deſſous dudit nombre de trente-deux hommes.

Dix régimens Allemands. Chacune des compagnies des régimens d'Infanterie Allemande d'Alſace, Bentheim, la Marck, Royal-Suédois, Royal-Bavière, Lowendal, Naſſau-Saarbruck, Ferſen, la Dauphine & Saint-Germain, qui ſera complète de ſoixante-quinze hommes, le Capitaine recevra neuf payes de gratification, huit à ſoixante-quatorze, ſept à ſoixante-treize, ſix à ſoixante-douze, cinq à ſoixante-onze, quatre à ſoixante-dix, trois à ſoixante-neuf, deux à ſoixante-huit, une à ſoixante-ſept, & rien au deſſous dudit nombre de ſoixante-ſept hommes.

Deux régimens Allemands. Chaque compagnie des régimens Allemands de Bergh & de Royal-Pologne, qui ſera complète de cent hommes, le Capitaine recevra douze payes de gratification, onze à quatre-vingt-dix-neuf, dix à quatre-vingt-dix-huit, neuf à quatre-vingt-dix-ſept, huit à quatre-vingt-ſeize, ſept à quatre-vingt-quinze, ſix à quatre-vingt-quatorze, cinq à quatre-vingt-treize, quatre à quatre-vingt-douze, trois à quatre-vingt-onze, deux à quatre-vingt-dix, une à quatre-vingt-neuf, & rien au deſſous dudit nombre de quatre-vingt-neuf hommes.

Supplément de décompte des payes de gratification à la revûe de mai 1752. Il ſera fait, avec le ſupplément de décompte de la ſolde, un ſupplément de décompte, relativement à la compoſition dont ſe trouvera chaque compagnie à la revûe de mai 1752, pour les payes de gratification que les Capitaines ſe trouveront dans le cas de n'avoir point touchées aux revûes précédentes, à commencer du premier juillet 1751, en obſervant cependant, pour ce ſupplément de décompte, de ſuivre les gradations ci-deſſus expliquées.

Payes de gratification des Quant aux payes de gratification des neuf régimens

Suiſſes & Griſons, affectées pour la plus grande partie au *régimens Suiſſes* payement des appointemens des Officiers, le décompte *& Griſons.* continuera d'en être fait à chaque revûe, à tel nombre d'hommes que les compagnies y paſſent, ſur le pied complet de trente-deux payes par compagnie, y compris les cinq payes de ſupplément accordées par l'ordonnance du 6 décembre 1749.

Dans le cas où des Capitaines, dont les compagnies, *Pour qu'il ne* par des pertes inopinées qui pourroient y arriver, paſſe- *ſoit fait aucune* roient à la revûe de mai & juin 1752, ſur un pied plus *retenue aux Ca-* foible qu'aux revûes précédentes, il ne pourra leur être *pitaines dont les* rien retenu de la ſolde ni des payes de gratification qu'ils *compagnies paſ-* auront touchées, ſuivant la compoſition de leurs com- *ſeroient à la revûe* pagnies à ces revûes; le ſupplément de décompte à leur *de mai 1752,* faire, tant de la ſolde que des payes de gratification, ne *ſur un pied plus* devant avoir lieu que pour les mois, à compter du premier *foible qu'aux re-* juillet 1751, où leurs compagnies auroient paſſé ſur un *vûes précédentes.* pied plus foible qu'à celle qui ſera faite au mois de mai 1752.

Les Capitaines de Grenadiers continueront à rem- *Complet de* placer, dans les premiers jours de mars, les hommes qui *la ſolde aux* manqueront à leurs compagnies, en les tirant de celles *compagnies de* de Fuſiliers; mais ils ne recevront le ſupplément de *Grenadiers, ſur* décompte du complet de la ſolde de leurs compagnies, *la revûe de mars* qu'à commencer du premier novembre 1751, ſur la *& avril 1752.* revûe qui leur ſera faite pour les mois de mars & avril 1752; lequel complet de la ſolde leur ſera continué pour les mois de mai & juin ſuivans, à tel nombre d'hommes que leurs compagnies paſſent à la revûe de ces deux mois: & Sa Majeſté ordonne auxdits Capitaines de Grenadiers, de remplacer, au premier juillet ſuivant, les hommes qui pourront leur manquer depuis la revûe de mars.

Il leur fera fait à chaque revûe, à commencer du premier juillet 1751, ainfi qu'il eft ci-deffus ordonné pour les compagnies de Fufiliers, un décompte des payes de gratification de leurs compagnies, relativement à leur compofition auxdites revûes, & fur le pied des gradations qui leur font fixées par l'ordonnance du premier février 1751, concernant le payement des troupes, & fur la revûe de mars & avril 1752; ils recevront, avec le fupplément de décompte de la folde, le fupplément de décompte des payes de gratification au complet, qu'ils n'auront point touchées aux revûes précédentes, à commencer feulement du premier novembre 1751; lequel complet des payes de gratification, leur fera continué avec celui de la folde pour les mois de mai & juin 1752.

A l'égard des compagnies du corps des Grenadiers de France, les Capitaines recevront le fupplément de décompte du complet de la folde feulement (n'ayant point de payes de gratification) pour les fix mois qui auront précédé celui de la revûe qui fera faite audit corps après l'arrivée des Grenadiers de remplacement qui auront été fournis par les Grenadiers-royaux; & à cet effet, les Commiffaires des guerres feront mention dans le texte de la première revûe où ces Grenadiers de remplacement feront employés, qu'elle doit fervir, tant au payement de la folde des compagnies pour le temps de ladite revûe, qu'au fupplément de décompte à faire par le Commis de l'Extraordinaire des guerres, de la folde des Grenadiers qui auront manqué aux revûes des fix mois précédens.

1. Janvier 1752.

II.

DANS la confiance où est Sa Majesté que les Capitaines feront tous leurs efforts pour mériter le traitement avantageux qu'Elle leur accorde par la présente; & desirant favoriser ceux qui pourroient s'en trouver exclus par des pertes arrivées à leurs compagnies, qu'ils n'auroient pas le temps de remplacer, Elle ordonne :

Que les Soldats morts, du 20 avril à la revûe de mai, soient compris dans les revûes des Commissaires des guerres, pour servir au supplément de décompte, jusqu'au dernier juin, accordé par l'article premier, en rapportant par le Capitaine au Commissaire des guerres (si le Soldat est mort dans un hôpital) un certificat du Directeur dudit hôpital, visé par le Contrôleur, l'Aumônier & le Commissaire des guerres, où il s'en trouvera, dans lequel certificat il soit fait mention du jour que le Soldat est entré dans cet hôpital, & de celui de son décès; & si le Soldat est mort ailleurs, le Capitaine remettra au Commissaire des guerres, un extrait-mortuaire du Curé de la paroisse qui l'aura inhumé, duement légalisé.

Soldats morts, du 20 avril à la revûe de mai.

Les Soldats désertés dans le même temps ci-dessus, du 20 avril à la revûe de mai, seront aussi compris par le Commissaire des guerres dans la revûe dudit mois de mai, pour servir au supplément de décompte, jusqu'au dernier juin, accordé par l'article premier, après néanmoins que ledit Commissaire des guerres se sera rendu certain de l'existence de l'homme déserté, & qu'il lui aura été remis un certificat du Commandant & du Major de la place, qui certifieront la désertion; & pour plus grande preuve, la copie de la sentence du Conseil de

Soldats désertés.

guerre, dans laquelle il fera fait mention du jour de la défertion : à cet effet, Sa Majefté enjoint au Major du régiment, de porter fa plainte, & de demander un Confeil de guerre dans le terme du délai de huit jours prefcrit par l'ordonnance du 17 janvier 1730, pour faire juger, par contumace, ces Soldats défertés ; de défigner dans les informations & la fentence, le jour de la défertion ; de faire vifer la plainte par le Commiffaire des guerres chargé de la police du corps, lequel doit certifier de plus fi le Soldat étoit préfent à la revûe précédente, & employé fur les contrôles; & de remettre enfuite copie de la fentence au Commiffaire des guerres, tant avant qu'après la revûe de mai.

Soldats fommés. Le Commiffaire des guerres comprendra pareillement dans fa revûe de mai, & pour fervir au fupplément de décompte accordé par l'article premier, les Soldats à qui il aura été délivré des congés limités pour le nombre fixé par les ordonnances de 1749 & 1750, depuis le premier juillet 1751, & qui étant reftés chez eux, n'auront pû être préfens à la revûe dudit mois de mai; pourvû qu'ils aient été fommés de rejoindre ; à cet effet, le Major du régiment fera tenu de repréfenter au Commiffaire des guerres le procès verbal de la fommation qui lui aura été faite, dont il fera mention dans fon extrait de revûe; après avoir examiné s'il eft en bonne forme, & vérifié fur le contrôle qu'il doit tenir des Soldats abfens par congés limités, fi celui fommé y eft infcrit; il rejettera & ne comprendra point dans fa revûe, les fommations défectueufes, & par lefquelles la vraie exiftence du Soldat refté chez lui ne fera pas évidemment conftatée : Ordonne Sa Majefté, que tout Soldat fommé

I I

qui n'aura pas rejoint, trois mois après la date du procès
verbal de sommation, soit mis au Conseil de guerre, &
jugé par contumace, sur l'ordre que le Commandant de
la place donnera au Major du régiment, de porter sa
plainte en conséquence de l'état qui lui aura été remis
par le Commissaire des guerres, des Soldats sommés qui
n'auront pas rejoint à l'expiration desdits trois mois ; &
ledit Commissaire des guerres les comprendra dans les
revûes de ces trois mois, pour faire jouir seulement le
Capitaine, des payes de gratification qui lui sont réglées
par l'article premier.

I I I.

SA MAJESTÉ voulant expliquer plus particulièrement
ses intentions sur les Soldats malades aux hôpitaux externes
qui seront compris dans la revûe de mai 1752, Elle
ordonne aux Intendans de se faire rendre compte par les
Directeurs des hôpitaux, tant militaire que de charité,
des malades qui se feront trouvés dans lesdits hôpitaux au
premier dudit mois de mai, de leur en faire former un
état pour chaque régiment, dans lequel soient marqués
exactement le nom de la compagnie, celui de famille &
de guerre du Soldat, le jour de son entrée à l'hôpital, &
même celui de sa mort s'il est décédé entre le 20 avril
& le premier mai ; ces Directeurs, après avoir signé &
certifié ces états, les enverront auxdits Intendans qui les
viseront & les adresseront sur le champ au Secrétaire
d'état de la guerre, de manière qu'ils lui parviennent au
10 de mai au plus tard, pour que les Majors de chaque
corps, auxquels ils seront adressés, puissent les présenter
aux Commissaires des guerres avant la revûe de mai,
dans laquelle ils n'emploieront que ceux desdits Soldats

malades aux hôpitaux externes qui feront compris dans ces états, & ils en useront à cet égard pour les autres revûes de l'année, ainsi qu'il leur est prescrit par l'article V de l'ordonnance du premier juillet 1749, auquel article ils se conformeront, aussi à ladite revûe de mai, pour ce qui concerne les Soldats malades, tant aux hôpitaux de la place, que ceux qui leur seront déclarés être à la chambre.

I V.

Extraits de revûes à rapporter par les troupes qui auront marché, & payes de gratification pour le temps qu'elles auront reçû l'étape.

POUR que le supplément de décompte, indiqué par l'article premier à la revûe de mai 1752, puisse être fait aux troupes qui auront marché depuis le premier juillet 1751, les Officiers, chargés du détail de chaque corps, seront tenus de rapporter les revûes sur lesquelles ils auront été payés par d'autres Commis de l'Extraordinaire des guerres, que ceux des places & départemens où ils seront au mois de mai 1752; & à cet effet, les Commissaires des guerres, sous la police desquels ces corps auront été, enverront auxdits Officiers chargés du détail, des extraits de ces revûes.

Et à l'égard des troupes qui marcheront par étape, le décompte des payes de gratification sur le pied des gradations portées par l'article premier, leur sera fait sur la revûe de l'arrivée de chaque troupe, au lieu de sa destination, pour le temps qu'elle aura reçû l'étape en route; & le décompte de la solde des hommes qui se trouveront de plus à la revûe de mai 1752, que pendant le temps de la marche de ces troupes par étape, ainsi que le supplément des payes de gratification, leur sera fait sur ladite revûe de mai, conformément à l'article premier.

V.

1. Janvier 1752.

13
V.

IL continuera d'être fait à l'ordinaire tous les deux mois, un décompte définitif, tant de la subsistance des troupes, que du pain, sur le pied du nombre d'hommes qui existera à chaque revûe; ainsi il sera fait raison au Capitaine sur la revûe de mai 1752, de la paye entière du Soldat, dans le supplément de décompte, accordé par l'article premier : au moyen de quoi il ne devra point être question d'aucun supplément de décompte du pain.

Pour que les décomptes soient faits aux troupes tous les deux mois.

V I.

SA MAJESTÉ confirme ce qu'Elle a réglé par les cinq premiers articles de l'ordonnance du premier décembre 1750, servant de supplément à celle du premier juillet 1749, au sujet des hommes de recrue, dont les Commissaires des guerres seront tenus de donner des états certifiés d'eux, aux Officiers chargés du détail des régimens, à mesure qu'ils sortiront de dessous leur police.

Soldats de recrue.

V I I.

ENTEND aussi Sa Majesté, que l'article XVII de son ordonnance du premier juillet 1749, pour le nombre de congés limités, à donner pendant l'hiver ; & l'article VII de l'ordonnance du premier décembre 1750, pour les congés limités de l'été, continuent d'avoir leur exécution; lesquels Soldats absens par congés, feront compris dans les revûes des Commissaires des guerres; mais à l'avenir, tout Soldat à qui il sera permis de s'absenter, sera mené chez le Commissaire des guerres, à qui il présentera son congé, pour le viser & l'enregistrer sur le contrôle qu'il doit tenir de ces congés; & à son retour, il sera pareillement conduit chez le Commissaire, pour être rayé de dessus ce contrôle, dont

Congés limités.

ledit Commiſſaire, au départ de chaque régiment, remettra une copie ſignée de lui à l'Officier chargé du détail, pour la préſenter au Commiſſaire des guerres, ſous la police duquel le régiment paſſera.

Congés abſolus. A l'égard des congés abſolus, Sa Majeſté renouvelle la défenſe qu'Elle a déjà faite par ſon ordonnance du premier juillet 1749, & par l'article VIII de celle du premier décembre 1750, de n'en donner à aucun Sergent ni Soldat pendant l'été, pour quelque cauſe ou raiſon que ce puiſſe être, à l'exception de ceux qui ſeront renvoyés par les Inſpecteurs. Enjoignant très-expreſſément Sa Majeſté, aux Commandans des places & des corps, de tenir exactement la main à ce qu'il ne ſoit contrevenu au préſent article, ſous peine de déſobéiſſance & d'en répondre en leur nom.

<h2 style="text-align:center">V I I I.</h2>

Avances aux troupes pour faire des recrues. LES avances à faire aux troupes compriſes dans la préſente ordonnance, pour mettre les Capitaines en état de travailler aux recrues de leurs compagnies, continueront d'avoir lieu ſur le pied réglé par l'article XXII de l'ordonnance du premier juillet 1749.

<h2 style="text-align:center">I X.</h2>

Troupes exceptées du ſupplément de décompte. LES deux compagnies franches, Suiſſe & Griſonne, de Reynold & de Travers, continueront d'être payées en conſéquence de l'ordonnance de ſolde du premier février 1751, pour le nombre d'hommes qui paſſera aux revûes qui ſeront faites par appel à ces compagnies tous les deux mois; Sa Majeſté ne jugeant pas à propos de les faire participer au traitement extraordinaire accordé par l'article premier de la préſente, de même que le régiment de Tournaiſis, tant qu'il ſervira en

1. Janvier 1752.

15

Corſe, où il jouit d'un traitement particulier, ainſi que les cinq piquets ſous le titre de Royal-Italien, lequel régiment & piquets continueront d'être payés ainſi qu'il eſt porté par l'ordonnance de ſolde du premier février 1751.

X.

SA MAJESTÉ ſe refère au ſurplus à ce qu'Elle a réglé par les articles XXIV & XXVI de ſon ordonnance du premier juillet 1749, au ſujet des revûes des compagnies détachées de l'Hôtel royal des Invalides, & de la ſubſiſtance des troupes, lorſqu'elles vivront en route au moyen de leur ſolde.

X I.

ENTEND auſſi Sa Majeſté que ſes ordonnances des 3 juillet 1749 & 3 décembre 1750, continuent d'avoir leur exécution pour les autres troupes qui ne ſont point dénommées dans la préſente ordonnance; à l'exception cependant des Soldats, Cavaliers & Dragons morts, déſertés, ſommés & malades aux hôpitaux externes, qui ne pourront être compris dans la revûe de mai prochaine, par les Commiſſaires des guerres, qu'en leur rapportant les pièces ſpécifiées par les articles II & III de la préſente ordonnance.

MANDE & ordonne Sa Majeſté aux Gouverneurs & Lieutenans généraux dans ſes provinces, aux Gouverneurs de ſes villes & places, à ceux qui y commandent, aux Inſpecteurs généraux de ſes troupes d'Infanterie françoiſe & étrangère, aux Intendans dans les provinces & ſur les frontières, aux Commandans particuliers de chaque corps, aux Commiſſaires des guerres ordonnés

à leur police, & à tous autres ſes officiers qu'il appar‑
tiendra, de s'employer, chacun à ſon égard, & ſelon
qu'il leur eſt preſcrit, à l'exacte obſervation & exécution
de la préſente ordonnance, laquelle ſera lûe à la tête
des troupes, par les Commiſſaires des guerres, à leur pre‑
mière revûe, afin qu'aucun n'en prétende cauſe d'igno‑
rance. FAIT à Verſailles, le premier janvier mil ſept
cens cinquante-deux. *Signé* LOUIS. *Et plus bas,* M. P,
DE VOYER D'ARGENSON.

A PARIS,
DE L'IMPRIMERIE ROYALE.
M. DCCLII.

* 9 7 8 2 3 2 9 2 8 1 6 9 8 *